Au nom de toutes les femmes

Les racines du patriarcat

Les sociétés préhistoriques, notamment celles des chasseurs-cueilleurs, offrent un aperçu fascinant des rôles de genre avant l'établissement des hiérarchies patriarcales. Les recherches archéologiques montrent que les femmes participaient activement à la chasse et à la collecte, ce qui suggère un équilibre de pouvoir. Dans ces sociétés, les rôles de genre étaient souvent flexibles, et les contributions des femmes étaient reconnues et valorisées.

Avec l'avènement de l'agriculture, les structures sociales ont commencé à évoluer. La sédentarisation a permis le développement de communautés plus complexes, mais elle a également entraîné une hiérarchisation des rôles. Les hommes, en tant que pourvoyeurs, ont vu leur statut se renforcer, tandis que les femmes ont été reléguées à des tâches domestiques. Cette transition a établi les bases d'une domination masculine qui perdure encore aujourd'hui. Les femmes ont été perçues comme des gardiennes du foyer, ce qui a conduit à une dévaluation de leurs contributions dans d'autres domaines.

Au fil des siècles, le patriarcat a été renforcé par des croyances culturelles et religieuses. Dans de nombreuses traditions, la femme est souvent associée à la faiblesse et à la soumission. Par exemple, dans la Bible, le récit d'Ève est fréquemment utilisé pour justifier la subordination des femmes. De même, dans d'autres religions, les textes sacrés ont souvent été interprétés de manière à maintenir des structures patriarcales.

Les systèmes juridiques et économiques ont également été façonnés par le patriarcat. Dans l'Antiquité, les femmes étaient souvent considérées comme des propriétés, sans droit de posséder des biens ou de prendre des décisions concernant leur propre corps. Ces lois ont eu des répercussions durables sur l'autonomie et l'indépendance des femmes, limitant leur capacité à revendiquer leurs droits et à exercer leur pouvoir.

Les violences faites aux femmes, qu'elles soient physiques, psychologiques ou sexuelles, sont des manifestations tragiques du patriarcat. Des millions de femmes à travers le monde vivent dans la peur de la violence domestique et du harcèlement. Ces actes ne sont pas seulement des crimes isolés, mais le reflet d'une culture qui valorise la domination masculine et la soumission féminine. Les statistiques révèlent que près d'une femme sur trois a subi des violences physiques ou sexuelles au cours de sa vie.

Le patriarcat a également des effets psychologiques profonds. Les femmes grandissent souvent avec l'idée qu'elles doivent se conformer à des standards irréalistes de comportement et d'apparence. Cela peut entraîner des problèmes d'estime de soi et des troubles mentaux tels que la dépression et l'anxiété. Les stéréotypes de genre internalisés peuvent créer un sentiment d'inadéquation, empêchant les femmes de revendiquer leur place dans la société.

Malgré ces défis, les femmes ont toujours trouvé des moyens de résister. Les mouvements féministes, des suffragettes aux féministes contemporaines, ont lutté pour leurs droits et leur place dans la société. Ces mouvements ont non seulement permis d'obtenir des droits politiques, mais ont également ouvert la voie à une prise de conscience collective des injustices subies par les femmes. Les femmes ont utilisé diverses stratégies pour résister au patriarcat, notamment l'éducation, l'activisme et la création de réseaux de soutien. Les cercles de femmes, par exemple, offrent un espace où les femmes peuvent partager leurs expériences et se soutenir mutuellement. Ces initiatives renforcent la solidarité et la résilience parmi les femmes.

Impact du patriarcat sur les hommes

Le patriarcat ne nuit pas seulement aux femmes, il enferme aussi les hommes dans des rôles rigides et oppressants qui limitent leur épanouissement personnel et émotionnel. Voici quelques-uns des impacts nocifs du patriarcat sur les hommes

1. Répression émotionnelle et masculinité toxique

    Dès l'enfance, les garçons sont conditionnés à croire que montrer des émotions comme la tristesse, la peur ou la vulnérabilité est un signe de faiblesse. On leur apprend à « être forts », à « ne pas pleurer », à se construire une carapace. Résultat : beaucoup d'hommes grandissent en étant incapables d'exprimer sainement leurs émotions, ce qui peut mener à des problèmes de santé mentale comme la dépression, l'anxiété et l'isolement.

2. Hypercompétition et pression de la réussite

    Le patriarcat impose aux hommes une immense pression pour qu'ils soient performants, dominants et financièrement responsables du foyer. Ils doivent prouver leur valeur en accumulant du pouvoir, de l'argent et du succès. Cette course à la réussite, couplée à la peur de l'échec, pousse de nombreux hommes au surmenage, à l'épuisement professionnel et à des sentiments de vide intérieur.

3. Difficulté à créer des liens authentiques

La masculinité patriarcale valorise l'indépendance et la compétition plutôt que la connexion et la vulnérabilité. Beaucoup d'hommes ont du mal à nouer des amitiés profondes et sincères, car ils ont appris à se méfier des émotions et à éviter les discussions intimes. Cette solitude émotionnelle peut être dévastatrice, augmentant le risque de détresse psychologique et de suicide.

4. La violence comme moyen d'expression

Le patriarcat glorifie la force physique et la domination, encourageant certains hommes à exprimer leur frustration et leur douleur par l'agressivité plutôt que par la communication. Cela peut conduire à des comportements violents dans les relations, dans le milieu professionnel ou même envers eux-mêmes.

5. Une sexualité déformée par la culture de la performance

Les normes patriarcales associent la virilité à la conquête et à la performance sexuelle. Beaucoup d'hommes ressentent une pression intense pour être toujours disponibles sexuellement, pour « assurer » ou multiplier les conquêtes, ce qui peut créer des insécurités, des troubles sexuels et des relations superficielles basées sur la validation externe plutôt que sur l'authenticité.

6. Le refus des soins et de l'aide psychologique

L'idée selon laquelle un « vrai homme » doit être autonome et ne pas montrer de faiblesse pousse de nombreux hommes à éviter les soins médicaux et psychologiques. Ils consultent moins souvent pour des problèmes de santé mentale et tardent à demander de l'aide, ce qui aggrave leurs souffrances et diminue leur espérance de vie.

Se libérer du patriarcat : une révolution pour tous

Remettre en question le patriarcat, ce n'est pas seulement un combat féministe, c'est une nécessité pour toute l'humanité. Les hommes aussi ont besoin d'un espace pour être vulnérables, pour s'autoriser à ressentir et à être aimés sans condition. Un monde sans patriarcat permettrait aux hommes de s'épanouir pleinement, de créer des relations plus authentiques et d'être enfin libres d'être eux-mêmes, sans masques ni pressions absurdes.

Conclusion : une alliance nécessaire

Les hommes et les femmes ont tout à gagner à déconstruire ensemble ces normes oppressives. En brisant les chaînes du patriarcat, nous ouvrons la voie à une humanité plus équilibrée, plus connectée et plus libre. Parce que la véritable force, c'est de s'autoriser à être pleinement humain.

Avant le patriarcat : Les sociétés matriarcales

Il y a plus de 10 000 ans Les femmes étaient vénérées et avaient un rôle central

Avant l'apparition des civilisations patriarcales, plusieurs sociétés fonctionnaient sous un modèle matriarcal ou matrilinéaire.

Les déesses-mères étaient les divinités principales. Elles représentaient la fertilité, la nature, la vie et la sagesse.

Les femmes avaient un rôle spirituel et social majeur, souvent considérées comme les gardiennes du savoir et de la connexion au sacré.

Ce qui a changé ?

Avec l'émergence de l'agriculture et de la sédentarisation (vers -10 000 à -5 000 av. J.-C.), la société a commencé à se structurer différemment :

Les hommes ont voulu contrôler la reproduction et l'héritage.

Les femmes ont progressivement perdu leur statut égalitaire.

L'apparition des premières hiérarchies sociales a favorisé le pouvoir masculin.

Le basculement vers le patriarcat (il y a environ 5 000 ans) L'émergence des premières civilisations patriarcales Entre -3 500 et -1 000 av. J.-C., avec l'expansion des grandes civilisations comme Sumer, Babylone, l'Égypte, la Grèce et Rome, les structures patriarcales se sont imposées.

Les dieux masculins ont remplacé les déesses-mères.

Le droit des femmes a été progressivement restreint : elles sont devenues des possessions, des épouses et des mères, plutôt que des figures de pouvoir et de savoir.

Pourquoi ?

Le contrôle de la sexualité féminine est devenu un enjeu majeur. Les héritages et les lignées familiales ont été placés sous contrôle masculin.

Les religions monothéistes (judaïsme, christianisme, islam) ont renforcé ces structures, en donnant aux hommes un rôle dominant.

Les femmes ont perdu leurs droits, leur autonomie économique et leur liberté spirituelle.

Le Moyen Âge et la chasse aux sorcières (du 12e au 18e siècle)

Un génocide contre les femmes puissantes

Entre le 12e et le 18e siècle, des milliers de femmes ont été brûlées vives, torturées et tuées sous prétexte de "sorcellerie". Qui étaient ces "sorcières" ? Des guérisseuses, des sages-femmes, des femmes indépendantes, des femmes qui refusaient de se conformer.

L'Inquisition et l'Église catholique ont imposé une vision du monde où les femmes devaient être soumises et effacées.

Pourquoi ?

Parce que les femmes avaient des connaissances (médecine, herboristerie, spiritualité) qui faisaient peur au pouvoir religieux et politique.

Parce que les femmes autonomes représentaient une menace pour le modèle patriarcal.

Parce que contrôler les femmes, c'était contrôler la société entière.

Ce fut l'un des moments les plus sombres de l'histoire du patriarcat, où la peur et la violence ont été utilisées pour écraser les femmes indépendantes.

L'ère industrielle et la modernité (du 19e au 21e siècle) Les femmes enfermées dans un rôle domestique et de consommation Avec l'industrialisation (18e-19e siècle), le capitalisme s'est allié au patriarcat pour enfermer les femmes dans un rôle de consommation et de reproduction.

Les femmes ont été encouragées à rester à la maison, à élever les enfants, et à dépendre des hommes financièrement.

La publicité, la mode et l'industrie de la beauté ont été utilisées pour les distraire et les contrôler.

Pourquoi ?

Parce qu'une femme indépendante financièrement, éduquée et éveillée est incontrôlable. Parce qu'une femme qui ne consomme pas aveuglément brise le système économique. Parce qu'une femme qui choisit de ne pas avoir d'enfants ne perpétue pas les générations soumises.

Les luttes féministes du 20e siècle ont permis de récupérer des droits (vote, travail, contraception), mais le patriarcat et le capitalisme ont trouvé d'autres moyens de contrôle (culte du corps, injonctions sociales, ultra-consommation).

Aujourd'hui : Une illusion de liberté ?

Le patriarcat a évolué, mais il n'a pas disparu.

Les femmes travaillent, mais elles sont sous-payées. Les femmes votent, mais elles sont encore sous-représentées au pouvoir. Les femmes peuvent être libres, mais la société les pousse encore à se conformer (apparence, couple, maternité, réussite).

Les violences conjugales et sexuelles restent massives.

Le danger du patriarcat moderne ? Il est plus subtil, il ne repose plus uniquement sur la force, mais sur la pression sociale, les attentes culturelles et les normes économiques.

Il fait croire aux femmes qu'elles sont libres, alors qu'elles sont encore piégées dans des structures invisibles.

Mais aujourd'hui, plus de femmes que jamais s'éveillent. Le système commence à se fissurer, et c'est pour cela que les résistances sont encore fortes.

Conclusion : Le patriarcat est un système vieux de plus de 5 000 ans Il s'est construit sur la domination, la violence et le contrôle des femmes. Il s'est allié avec les religions, les institutions et le capitalisme pour survivre.

On nous a raconté une histoire

Une histoire dans laquelle les femmes devaient être sages, discrètes, dociles, aimantes mais jamais trop libres, brillantes mais jamais trop puissantes. On nous a appris à nous excuser d'exister, À nous plier aux attentes, à faire taire nos désirs, À douter de nous-mêmes avant même d'avoir osé essayer.

On nous a imposé des rôles qui ne sont pas les nôtres. On nous a dit que notre valeur dépendait du regard des autres. Que notre corps ne nous appartenait pas entièrement. Que nos émotions étaient trop intenses, trop envahissantes. Que notre intuition n'était pas fiable. Mais aujourd'hui, nous réécrivons cette histoire.

Aujourd'hui, nous brisons le silence. Nous nous libérons des chaînes invisibles. Nous retrouvons notre pouvoir personnel et spirituel. Nous cessons d'être des spectatrices et devenons les créatrices de nos vies.

Ce livre est une invitation. Une invitation à déconstruire, à libérer, à se réapproprier. Une invitation à plonger dans l'inconscient collectif et personnel. À questionner tout ce qu'on nous a appris, À guérir nos blessures et à éveiller notre puissance. Ce n'est pas un simple livre.

C'est un chemin initiatique, un rite de passage. Il ne te demandera pas d'être parfaite, Il ne te dira pas quoi penser, Mais il ouvrira des portes en toi. À travers chaque page, tu seras confrontée à des vérités qui éveilleront ta conscience.

Tu seras guidée à travers des réflexions profondes et des exercices puissants.

Tu découvriras que tu as toujours eu la clé de ta propre liberté. Car la vraie révolution ne commence pas à l'extérieur.

Elle commence en toi.

Dans chaque pensée que tu déconstruis. Dans chaque peur que tu dépasses. Dans chaque espace que tu oses enfin occuper pleinement. Ce livre est un acte de libération. Ce livre est un acte de sororité. Ce livre est un acte de révolution intérieure.

Es-tu prête à retrouver ton pouvoir ?

Toutes les femmes qui t'ont précédée portent en elles des histoires de survie et de résilience. Tu es l'héritière de celles qui ont marché pieds nus dans le feu, de celles qui ont refusé de plier, de celles qui ont reconstruit des mondes à partir des cendres. Et maintenant, c'est à toi. Il est temps d'arrêter d'attendre qu'on te donne la permission d'exister pleinement. Il est temps de te choisir, sans excuse, sans compromis. Il est temps d'écouter cette voix en toi qui sait exactement qui tu es. Tu n'as pas besoin d'être "assez". Tu n'as pas besoin d'être parfaite. Tu n'as pas besoin d'être validée. Tu es déjà complète. Reconnecte-toi à ta puissance. Affirme-toi sans peur. Crée ta vie selon tes propres règles. Parce qu'une femme qui se lève en conscience est une femme impossible à arrêter.

Guérir c'est se choisir à nouveau

Guérir ce n'est pas oublier.

Ce n'est pas effacer les blessures, faire comme si elles n'avaient jamais existé.

Guérir, c'est se choisir à nouveau. C'est se regarder en face et dire : "Oui, j'ai été brisée."

"Oui, on m'a fait croire que je n'étais pas assez."

"Oui, j'ai porté des peurs qui ne m'appartenaient pas."

Mais aujourd'hui, je décide autrement.

Je ne laisserai plus mon passé me définir.

Je ne laisserai plus mes blessures dicter mon avenir.

Je me reconstruis brique après brique, souffle après souffle, amour après amour.

Aujourd'hui, je reprends chaque morceau de mon cœur et je le réassemble avec la tendresse que je mérite.

Se libérer, c'est guérir les mains qui nous ont enchainées

Nous portons les blessures d'un système qui ne voulait pas de notre puissance.

Les mots qui nous ont réduites.

Les regards qui nous ont jugées.

Les silences qui nous ont effacées.

Mais aujourd'hui, nous écrivons une nouvelle page.

Une page où la peur laisse place à la liberté.

Où la honte devient fierté.

Où le passé ne définit plus notre avenir.

Se libérer, c'est choisir son histoire.

Ton cœur n'est pas une blessure, il est une renaissance.

On t'a brisée.

On t'a fait croire que tu étais trop fragile, trop abîmée, trop marquée.

On t'a dit que tu étais une cicatrice ambulante, une fissure impossible à refermer.

Mais écoute-moi bien.

Ton cœur n'est pas une blessure. Il est une renaissance.
Chaque larme que tu as versée t'a rendue plus forte.

Chaque trahison que tu as surmontée t'a appris à te choisir.

Chaque abandon que tu as vécu t'a rapprochée de toi-même.

Ne vois plus ton passé comme une douleur, Vois-le comme l'encre avec laquelle tu réécris ton histoire.

Car tu ne portes pas des cicatrices, tu portes des victoires.

Imaginez une femme

IMAGINEZ UNE FEMME qui croit que c'est juste et bon qu'elle soit une femme. Une femme qui honore son expérience et raconte ses histoires. Qui refuse de porter les péchés des autres dans son corps et sa vie.

IMAGINEZ UNE FEMME qui a confiance et se respecte elle-même. Une femme qui écoute ses besoins et désirs.
Qui y répond avec tendresse et grâce.

IMAGINEZ UNE FEMME qui reconnaît l'influence du passé sur le présent.

 Une femme qui a traversé son passé.
Qui a guéri dans le présent.

IMAGINEZ UNE FEMME qui réalise sa propre vie. Une femme qui exerce, initie et agit en son propre nom. Qui refuse de se rendre sauf à son soi authentique et sa plus sage voix.

IMAGINEZ UNE FEMME qui nomme ses propres dieux.
Une femme qui imagine le divin à son image et à sa ressemblance .Qui conçoit une spiritualité personnelle pour sa vie quotidienne.

IMAGINEZ UNE FEMME amoureuse de son propre corps.
Une femme qui croit que son corps est suffisant, comme il est. Qui célèbre ses rythmes et cycles comme une ressource exquise.

IMAGINEZ UNE FEMME qui honore le corps de la Déesse dans son corps en changement.
Une femme qui célèbre l'accumulation de ses années et sa sagesse. Qui refuse d'utiliser son énergie vitale pour déguiser les changements de son corps et de sa vie.

IMAGINEZ UNE FEMME qui estime les femmes dans sa vie. Une femme qui s'assoit dans les cercles de femmes. À qui l'on rappelle la vérité de sa nature quand elle l'oubli.

IMAGINEZ-VOUS COMME CETTE FEMME

                                            Source Wild Women Sisterhood

Le pouvoir d'une femme commence là où finit la culpabilité

Ils ont voulu que nous nous excusions d'exister. D'être trop bruyante. Trop sensibles. Trop fortes. Ils ont voulu nous faire croire que nous étions de trop. Mais aujourd'hui, nous savons la vérité : Nous ne sommes pas trop. Nous sommes exactement comme nous devons être. Et nous n'avons plus rien à justifier.

Tu es l'origine et la destination

Ils t'ont dit que tu devais chercher ton pouvoir à l'extérieur, dans le regard des autres, Dans la validation, Dans l'amour qu'ils te donneraient s'ils jugeaient que tu le mérites. Mais écoute-moi bien : Tu n'as rien à prouver. Tu n'as rien à quémander. Tout ce que tu cherches est déjà en toi. La force que tu veux ? Elle est là. La liberté que tu attends ? Elle t'appartient déjà. Le feu que tu ressens en toi ? Il ne demande qu'à brûler. Tu es l'origine. Tu es la destination. Tu es la réponse.

Se souvenir de qui nous sommes

Avant toute chose, il faut se souvenir. Se souvenir que nous ne sommes pas nées pour être réduites, effacées, oubliées. Nous portons en nous l'héritage des femmes libres. Celles qui ont marché avant nous, Celles qui ont crié avant nous, Celles qui ont aimé malgré la peur, Celles qui ont résisté alors qu'on les voulait soumises .Nous ne sommes pas nées pour être petites. Nous sommes nées pour être vastes, entières, indomptables. Mais l'histoire nous a été arrachée. On nous a raconté que nous étions faibles, Que nous devions rester à notre place, Que notre puissance était dangereuse. As-tu déjà ressenti cette peur ? Cette peur profonde, ancrée dans tes os, Celle qui te murmure de ne pas trop briller, de ne pas trop déranger, De ne pas trop exister. Cette peur n'est pas la tienne. Elle est un mensonge transmis de génération en génération. Aujourd'hui, il est temps de se réveiller. Te souviens-tu de qui tu es vraiment ?

Briser les chaînes

Tu as grandi avec des chaînes que tu ne voyais pas. Elles étaient là, partout. Dans les mots qu'on te disait, dans ceux qu'on ne te disait pas. Dans les injonctions sur ton corps, sur ton désir, sur ta voix. Dans cette petite voix intérieure qui te demandait d'être prudente, D'être douce, d'être aimable, d'être conforme. Mais aujourd'hui, regarde ces chaînes en face. Regarde-les pour ce qu'elles sont : des illusions. Elles n'ont plus de pouvoir sur toi, À moins que tu choisisses de les porter encore. Alors, pose-toi la question :

À quoi es-tu encore enchaînée ?

À la peur du regard des autres ? À la blessure d'avoir trop aimé sans recevoir en retour ?

À la croyance que tu n'es pas assez, ou pire... que tu es trop ?

Les chaînes ne sont pas réelles. Tu peux les briser maintenant, tout de suite, ici.

Respire profondément et dis-le à voix haute : "Je me libère. Je suis libre. J'ai toujours été libre." Ressens-le dans ton corps. Ressens-le dans ton âme. Ressens la puissance que tu viens de réveiller.

L'amour que tu cherches est déjà en toi

Tu as attendu. Tu as attendu qu'on te valide. Qu'on t'aime assez pour que tu t'aimes enfin. Qu'on te dise que tu es belle pour te sentir digne. Qu'on te choisisse pour croire en ta valeur. Mais aujourd'hui, tu comprends enfin : L'amour que tu cherches ne se trouve pas à l'extérieur. Il est en toi depuis toujours. Tu n'as plus besoin de mendier l'attention. Tu n'as plus besoin de plaire pour exister. Tu n'as plus besoin d'attendre qu'on te voie. Tu te vois déjà. Tu te choisis déjà. Tu t'aimes déjà. Et c'est cet amour-là qui te rend invincible.

L'héritage des femmes libres

Nous sommes les filles des sorcières qu'ils n'ont pas brûlées. Les héritières de celles qui ont refusé de se taire. Les sœurs de celles qui ont brisé les chaînes. Nous portons en nous les victoires d'hier et nous bâtissons celles de demain.

Une femme qui se réveille est une révolution en marche

Il y a un moment, un instant, une étincelle. Un jour, tu ouvres les yeux et tu comprends. Tu comprends que tu n'as jamais été fragile, que ta douceur n'a jamais été une faiblesse, que ta colère n'a jamais été un défaut. On t'a appris à douter de toi, à t'excuser d'exister, à marcher sur la pointe des pieds dans un monde qui ne voulait pas te voir briller. Mais aujourd'hui, c'est terminé. Aujourd'hui, tu marches avec force. Aujourd'hui, tu prends l'espace qui t'appartient. Aujourd'hui, tu es cette femme que personne ne peut plus faire taire. Car une femme qui se réveille, c'est une tempête douce mais invincible. C'est une vague qui balaie des siècles d'oppression. C'est une flamme qui allume d'autres flammes. Tu es cette femme.

La sororité, un pacte ancestral

Si une femme seule peut être puissante, imagine un cercle de femmes unies. Le patriarcat a toujours cherché à nous diviser, à nous opposer les unes aux autres. Il a inventé des rivalités là où il y avait du respect, de la jalousie là où il y avait de l'admiration. Il nous a fait croire que l'amour d'un homme valait plus que l'amour d'une sœur. Mais nous sommes en train de nous retrouver. De tisser à nouveau les liens invisibles qui nous ont été volés. De comprendre que l'élévation d'une femme ne signifie jamais la chute d'une autre.

Aujourd'hui je me détache

Je ne suis plus celle qui cherche l'approbation. Je ne suis plus celle qui se tait pour ne pas déranger. Je ne suis plus celle qui se plie pour être acceptée. Je suis celle qui choisit. Celle qui choisit ses mots, son corps, ses désirs, ses rêves. Celle qui ne demande plus la permission d'être. Celle qui a compris que sa liberté ne dépend que d'elle-même. Les chaînes que l'on m'a mises étaient invisibles, Mais aujourd'hui, je les vois. Et parce que je les vois, elles n'ont plus aucun pouvoir sur moi. Je suis libre. Libre de parler, de penser, d'aimer, de créer, de briser les règles qu'on m'a imposées. Et cette liberté, personne ne pourra jamais me l'enlever.

Tu es celle qui brisera le cercle

Il y a des blessures qui ne nous appartiennent pas. Des douleurs que nous portons sans même en connaître l'origine. Elles vivent dans nos corps, dans nos gestes, dans nos silences. Elles viennent de loin. De nos mères, de nos grands-mères, des femmes avant elles. De toutes celles qui ont dû se taire, plier, endurer pour survivre. On nous a appris à accepter. À faire avec. À être reconnaissantes pour ce qu'on nous donne, même si c'est insuffisant. À aimer même quand ça fait mal. À rester même quand ça détruit. Mais il arrive un jour où quelque chose change. Un jour où toi, tu ouvres les yeux. Un jour où tu ressens dans chaque fibre de ton être que ce poids que tu portes n'est pas le tien. Que cette peur de parler, cette peur d'être trop, cette peur d'exister librement... Ce ne sont pas tes peurs. Ce sont celles qu'on t'a transmises. Mais toi, tu es différente. Toi, tu es celle qui va briser le cercle. Tu es la première de ta lignée à dire non. La première à ne plus plier. La première à choisir l'amour de soi avant le sacrifice. La première à guérir non seulement pour toi, mais pour toutes celles qui viendront après toi. Et en brisant ces chaînes, tu offres au monde un héritage nouveau. Un héritage de liberté, de puissance, de vérité. Alors, avance. Avec force, avec fierté, avec amour. Avance pour toi, pour elles, pour celles qui naîtront après toi. Car aujourd'hui, le cycle de la souffrance s'arrête. Aujourd'hui, tu es la renaissance de ton histoire familiale. Et plus jamais, nous ne serons réduites au silence. La guérison commence en toi.

Elle marche entre les ruines et reconstruit sa vérité

Elle a vu s'effondrer des murs qu'elle croyait solides. Les croyances héritées. Les amours qui n'étaient pas vraiment des amours. Les rôles dans lesquels on l'avait enfermée. Un jour, elle s'est retrouvée au milieu des ruines. À nu, vulnérable, sans plus rien à quoi s'accrocher. Mais c'est dans cet espace qu'elle a compris. Que ce qui s'effondrait n'était pas une perte, mais une renaissance. Car maintenant, elle reconstruit. Non pas selon ce qu'on lui a imposé, Mais selon sa propre vérité. Brique après brique, elle bâtit une existence qui lui appartient vraiment. Une vie où elle ne joue plus un rôle. Une vie où elle est enfin elle-même.

Elle n'a pas besoin de sauveur, elle est son propre miracle

On lui a appris à attendre. À espérer qu'un jour, quelqu'un viendra la sauver. Un homme, une reconnaissance, une validation extérieure. Un amour qui réparerait tout. Mais elle a compris. Elle a compris que l'attente est une illusion. Que personne ne viendra. Et que c'est la meilleure nouvelle du monde. Car elle n'a pas besoin d'être sauvée. Elle n'est pas une princesse en détresse. Elle est son propre miracle.Elle se relève seule, Elle s'aime seule, Elle grandit seule, Elle brille parce qu'elle a appris à être sa propre lumière. Elle ne cherche plus quelqu'un pour combler un vide. Car aujourd'hui, elle est entière.

Elle ne choisit plus entre l'ombre et la lumière elle est les deux

Toute sa vie, on lui a dit d'être lumineuse. D'être douce, d'être belle, d'être agréable. D'être la lumière des autres. Mais ce qu'ils n'ont jamais compris, C'est que dans son âme, il y avait aussi une ombre. Une force sauvage, une rage sacrée, une profondeur qu'on voulait cacher. Alors, elle a passé des années à lutter, À essayer de n'être qu'une moitié d'elle-même, à vouloir effacer son côté obscur pour ne garder que la lumière. Mais un jour, elle a compris : Elle n'a pas à choisir. Elle est la douceur et la tempête. Elle est la caresse et le feu. Elle est la paix et la rébellion. Elle n'est plus une femme que l'on modèle. Elle est un monde en elle-même.

Elle ne cherche plus à être comprise, elle se choisit

Elle a passé trop de temps à expliquer. À justifier sa sensibilité, à défendre ses choix, à attendre que les autres comprennent qui elle est vraiment. Mais aujourd'hui, elle ne cherche plus à être comprise. Elle se choisit. Même si ça dérange. Même si ça surprend. Même si ça fait peur. Elle sait que certaines personnes ne verront jamais sa profondeur. Et c'est parfaitement acceptable. Elle ne force plus. Elle ne s'excuse plus. Elle avance, avec ou sans l'approbation du monde.

Elle a arrêté de se battre, elle apprend à recevoir

Toute sa vie, elle a appris à lutter. À se battre pour exister, À prouver sa valeur, À mériter son espace. Mais la vraie puissance ne réside pas dans la lutte. Elle réside dans la capacité à recevoir. Recevoir l'amour sans se sentir coupable. Recevoir la lumière sans chercher à la minimiser. Recevoir la paix sans penser qu'elle ne l'a pas méritée. Elle comprend maintenant que l'univers veut lui donner. Elle n'a plus besoin de forcer, contrôler, courir après. Elle ouvre les bras, elle dit oui, et elle laisse enfin la vie venir à elle.

Elle ne craint plus son intuition, elle en a fait son guide

On lui a dit de ne pas trop écouter cette petite voix intérieure. Que ce n'était que de l'émotion, de l'imagination. Que le rationnel était la seule voie. Mais elle a compris que ce qu'ils appellent folie n'est en réalité qu'un pouvoir que le monde a peur de voir en action. Car une femme qui écoute son intuition est indomptable. Elle sait sans que personne n'ait besoin de lui dire. Elle ressent les vérités cachées. Elle capte l'invisible. Et aujourd'hui, elle fait confiance à ce savoir ancien. Elle ne doute plus d'elle-même. Elle écoute, elle suit, elle crée. Son intuition n'est pas une faiblesse. C'est sa plus grande force.

Elle ne cherche plus à plaire, elle se plante comme un arbre

Elle a longtemps cherché à plaire. À s'adapter, à se modeler, à être ce qu'on attendait d'elle. Mais aujourd'hui, elle ne se plie plus. Elle se plante. Comme un arbre, profondément enracinée. Elle ne cherche plus à bouger pour accommoder les autres. Elle grandit vers le ciel, à sa façon, à son rythme. Elle sait que certains l'aimeront pour son ombre, D'autres pour sa force, D'autres encore pour ses racines profondes. Et ceux qui ne l'aiment pas ? Ils passeront leur chemin. Car elle n'est pas née pour être approuvée. Elle est née pour exister.

Elle ne cherche plus à guérir, elle s'aime telle qu'elle est

Toute sa vie, elle a cherché à se réparer. À combler ses manques, à guérir ses blessures, à devenir cette version parfaite d'elle-même. Mais aujourd'hui, elle fait un choix radical : Elle s'aime exactement telle qu'elle est. Pas quand elle sera plus forte. Pas quand elle aura tout compris. Pas quand elle aura tout guéri. Maintenant. Ici, dans son imperfection, dans sa beauté brute. Parce qu'elle comprend que la vraie guérison Ce n'est pas devenir une autre. C'est s'aimer enfin telle qu'elle est.

Elle ne demande plus qu'on la choisisse, elle se choisit elle-même

Elle a longtemps vécu dans l'attente .L'attente qu'on la regarde. L'attente qu'on la reconnaisse. L'attente qu'on la choisisse. Mais elle a compris. Elle a compris que personne ne viendra lui donner la place qu'elle mérite. Alors, elle se choisit elle-même. Elle ne demande plus qu'on l'aime, elle s'aime. Elle ne demande plus qu'on la valide, elle se valide. Elle ne demande plus qu'on lui ouvre une porte, elle enfonce celles qui lui étaient interdites. Et à partir de ce jour, elle n'attendra plus jamais rien de personne.

Chanson sœurs de Lune (une ode à la sororité et à la force féminine)

Elles ont voulu nous diviser, nous faire croire à la rivalité, Mais sous la lune, on s'est trouvées, prêtes à tout pour s'élever. Main dans la main, cœur contre cœur, notre amour est plus fort que leur peur.

Sœurs de lune, filles du vent, unies par le feu, libres à présent. Elles peuvent essayer d'éteindre notre voix, mais ensemble, on se relèvera.

Nos ancêtres chuchotent dans le vent, Elles nous rappellent qu'on est vivantes. Debout, ensemble, invincibles, notre magie est indestructible.

Sœurs de lune, filles du vent, unies par le feu, libres à présent. Elles peuvent essayer d'éteindre notre voix, mais ensemble, on se relèvera.

Quand les femmes se lèvent, la société change

Chaque fois qu'une femme s'émancipe, c'est une onde de choc qui traverse la société. Ce n'est pas un simple acte individuel : c'est une brèche dans le système, une fissure dans les murs du patriarcat. Une femme qui se libère ouvre la voie à d'autres.

1. L'impact sur l'économie : la fin de la dépendance et la création de richesse.

   Pendant trop longtemps, les femmes ont été cantonnées à des rôles invisibles, sous-payées ou confinées à des tâches non reconnues. Mais une femme qui prend son pouvoir économique, c'est une femme qui refuse d'être dépendante. Elle investit, crée, dirige. Elle transforme le monde du travail en imposant de nouvelles valeurs : coopération, bienveillance, justice sociale.

   Quand les femmes gagnent en autonomie financière, elles réinvestissent dans leur communauté. Elles font grandir les entreprises locales, soutiennent d'autres femmes et brisent le cycle de la pauvreté. Une société qui valorise ses femmes est une société plus prospère pour tous.

2. L'impact sur les générations futures : un nouveau modèle pour les filles et les garçons

Une fille qui voit sa mère se tenir droite, s'affirmer, refuser l'injustice, apprend à ne pas s'excuser d'exister. Elle comprend qu'elle n'a pas à se conformer, à se diminuer pour plaire.

Un garçon qui grandit en voyant des femmes puissantes apprend à les respecter comme des égales. Il ne reproduira pas les schémas toxiques de domination et de contrôle, car il aura vu un autre modèle.

Chaque femme qui se libère change l'héritage qu'elle laisse derrière elle. Elle brise les cycles de soumission et d'effacement pour offrir aux générations futures un monde où la liberté n'a pas de genre.

3. L'impact sur la politique et les lois : une société plus juste L'histoire montre que quand les femmes prennent la parole, les lois changent. Elles ont combattu pour le droit de vote, l'accès à l'éducation, l'égalité salariale, la protection contre les violences. Mais la lutte n'est pas finie.

  Les femmes au pouvoir ne se battent pas seulement pour elles-mêmes : elles se battent pour toute une société plus juste. Elles remettent en question les normes obsolètes, ouvrent des espaces de parole et imposent des réformes qui profitent à tous, pas seulement à une élite.
4. L'impact sur la culture et la représentation : un nouveau récit

Le patriarcat a longtemps contrôlé les histoires qu'on raconte. Les femmes étaient des muses, des victimes, des rôles secondaires. Aujourd'hui, elles reprennent la plume. Elles écrivent, elles filment, elles chantent, elles témoignent.

Quand une femme raconte son histoire, elle brise le silence. Elle inspire d'autres à faire de même. Peu à peu, un autre récit émerge : celui de femmes puissantes, complexes, audacieuses. Ce récit transforme la manière dont la société perçoit les femmes... et surtout, la manière dont elles se perçoivent elles-mêmes.

5. L'impact spirituel : le retour du sacré féminin

Dans de nombreuses traditions anciennes, la féminité était sacrée. Les femmes étaient gardiennes du savoir, de la guérison, des cycles de la vie. Le patriarcat a tenté d'éteindre cette puissance en diabolisant la spiritualité féminine.

Mais aujourd'hui, un retour s'opère. Les femmes se reconnectent à leur intuition, à leur corps, à leurs rituels. Elles comprennent que leur pouvoir ne vient pas de l'extérieur, mais de l'intérieur. Et une femme qui se connaît, qui s'écoute, qui honore son énergie, est une femme impossible à contrôler.

Quand une femme se libère, c'est le monde entier qui respire mieux

Les femmes puissantes ne se contentent pas de briller seules

Il y a une différence entre une femme forte et une femme puissante. Une femme forte endure, elle traverse les tempêtes, elle survit. Mais une femme puissante ? Elle transforme. Elle n'accepte pas seulement son propre éclat, elle allume d'autres flammes sur son passage.

Les femmes puissantes ne se contentent pas de briller seules. Elles savent que la vraie force ne réside pas dans l'individualisme, mais dans la transmission, dans la sororité, dans cette alchimie qui se crée quand plusieurs lumières s'unissent pour illuminer l'obscurité.

1. Une femme puissante ne concurrence pas, elle élève

    Le patriarcat a appris aux femmes à se méfier les unes des autres, à se voir comme des rivales plutôt que des alliées. Mais une femme puissante sait que l'élévation des autres ne diminue en rien sa propre grandeur.

    Elle célèbre les réussites de ses sœurs, elle les encourage, elle leur rappelle qu'elles ont en elles tout ce qu'il faut pour s'élever. Elle tend la main à celles qui doutent encore, non pas pour les sauver, mais pour leur montrer qu'elles peuvent se sauver elles-mêmes.

    Mantra : "Je ne suis pas en compétition. Ma lumière ne s'éteint pas quand j'allume celle d'une autre."

2. Une femme puissante partage son feu

Le feu de la transformation, ce n'est pas un trésor à garder jalousement. C'est une flamme à offrir. Une femme puissante n'a pas peur de partager son savoir, son expérience, son parcours. Elle témoigne, elle transmet, elle enseigne.

Que ce soit par la parole, par l'écriture, par l'exemple, elle laisse derrière elle un sillage de conscience. Son feu ne brûle pas pour elle seule, il embrase tout un mouvement, il enflamme l'âme des autres femmes qui, à leur tour, allumeront d'autres flammes.

Exercice : Pose-toi la question : "Quelle femme a allumé une étincelle en moi ? Comment puis-je, à mon tour, allumer une étincelle chez une autre ?"

3. Une femme puissante ne guide pas par la peur, mais par l'amour

Elle ne cherche pas à dominer, à contrôler, à imposer. Elle sait que le pouvoir véritable ne vient pas d'un trône, mais d'un cœur aligné. Elle inspire par son authenticité, pas par la force.

Elle n'humilie pas celles qui hésitent, elle ne méprise pas celles qui doutent. Elle sait qu'elle aussi est passée par là. Elle ouvre la voie avec douceur et détermination, car elle sait que chaque femme a son propre rythme, sa propre façon d'éclore.

Mantra : "Je ne suis pas là pour imposer, mais pour éclairer. Chacune trouvera son propre chemin vers la lumière."

4. Une femme puissante crée des ponts, pas des murs

Elle refuse la division, elle déconstruit les barrières, elle ouvre des espaces de guérison et de solidarité. Elle sait que la sororité n'est pas un concept abstrait, mais une révolution quotidienne.

Elle écoute, elle apprend, elle s'engage. Elle sait qu'un monde où les femmes se soutiennent est un monde où elles deviennent inarrêtables. Elle crée des cercles, des alliances, des lieux où les femmes peuvent se retrouver, se ressourcer, se renforcer.

Exercice : Engage une conversation avec une femme que tu admires. Partage avec elle tes inspirations, tes rêves. Construisons des ponts, pas des murs.

Briller ensemble, c'est illuminer le monde

Les femmes puissantes ne s'élèvent pas seules. Elles avancent ensemble, elles s'entraident, elles bâtissent un monde où chacune trouve sa place.

Elles savent que leur lumière est précieuse, mais qu'elle devient infiniment plus grande quand elle rejoint celle des autres. Et toi, ma sœur, avec qui vas-tu briller aujourd'hui ?

Le Pouvoir du témoignage : une flamme qui se transmet

Quand une femme raconte son histoire, elle guérit non seulement elle-même, mais aussi celles qui l'écoutent.

Nous avons été conditionnées à croire que nos luttes sont individuelles, que nos douleurs sont isolées. Mais en partageant nos expériences, nous découvrons une vérité essentielle : nous sommes reliées. Nos histoires résonnent les unes dans les autres, comme des échos d'une même transformation.

Chaque mot porté avec sincérité devient une clé, une porte qui s'ouvre pour une autre femme qui se croyait seule.

Question à se poser : Quelle parole aurais-je aimé entendre avant de me libérer ? Puis-je être celle qui la prononce aujourd'hui pour une autre femme ?

2. Guérir ensemble : La Sororité Comme Médecine

Une femme qui brille seule peut inspirer, mais une femme qui brille avec d'autres crée un mouvement.

Nous avons besoin les unes des autres pour guérir. Guérir de la honte, des doutes, des peurs insufflées par une société qui a toujours voulu nous diviser. Nous avons besoin de nous regarder dans les yeux et de nous dire : "Je te vois. Je te comprends. Tu es puissante."

Il ne s'agit pas seulement d'encourager. Il s'agit d'être là, de tenir l'espace, d'accueillir sans juger, de soutenir sans attendre de retour.

Exercice : Écris le nom de trois femmes dans ta vie qui ont, d'une manière ou d'une autre, contribué à ton éveil. Dis-leur. Remercie-les. Fais-le savoir.

3. Déconstruire les Peurs : La Puissance n'est Pas un Crime

Beaucoup de femmes hésitent à briller pleinement par peur d'être jugées, critiquées, exclues. Le patriarcat nous a appris que notre pouvoir était dangereux, que notre ambition était une menace, que notre voix était trop forte.

Mais une femme qui embrasse son pouvoir n'éteint pas les autres : elle leur rappelle qu'elles peuvent faire de même.

Chaque femme qui assume sa grandeur pave le chemin pour une autre. Chaque femme qui refuse de se conformer ouvre une brèche dans le système.

Nous devons nous libérer de cette peur de déranger. Oui, nous allons déranger. Oui, nous allons bouleverser. Oui, nous allons réveiller ce qui doit être réveillé.

Et c'est ainsi que le monde change. Mantra : "Mon pouvoir n'enlève rien à personne. Il est un rappel que d'autres peuvent aussi reprendre le leur."

Briller n'est pas un acte égoïste, c'est un acte de Résistance Une femme libre ne brille jamais uniquement pour elle-même. Son rayonnement est une invitation, un appel, une révolution silencieuse qui grandit dans chaque regard croisé, chaque main tendue, chaque vérité assumée.

Nous sommes les gardiennes d'un feu ancien et il est temps d'arrêter de le cacher.

Alors ma sœur, allume ta flamme. Brille. Et regarder autour de toi d'autres lumières s'éveillent déjà.

Les Alliances Féminines la clé de la Révolution

Aucune révolution ne se fait seule. Et le patriarcat le sait : c'est pourquoi il a toujours cherché à diviser les femmes.

On nous a appris à nous méfier les unes des autres. On nous a dressées à voir nos sœurs comme des rivales. On nous a nourries de récits où la seule femme du groupe était l'exception, où nous devions lutter pour être « la meilleure », où la jalousie et la compétition étaient normalisées.

Mais aujourd'hui, nous brisons ce schéma.

Une femme puissante ne se méfie pas des autres femmes. Elle ne voit pas leur réussite comme une menace, mais comme un présage de ce qui est aussi possible pour elle.

Les femmes réunies sont inarrêtables.

C'est pourquoi le patriarcat a tant cherché à nous diviser. Mais il a sous-estimé notre capacité à nous retrouver.

Nous n'avons pas besoin d'un système qui nous divise. Nous créons un système où nous nous élevons ensemble.

Exercice : Aujourd'hui, célèbre une femme autour de toi. Dis-lui ce que tu admires en elle, montre-lui que nous sommes plus fortes ensemble.

5. La Transmission : Allumer des Flammes Partout Où Nous Passons

Nous ne sommes pas que des femmes libres. Nous sommes des guides, des éclaireuses, des passeuses de lumière.

Ce que nous avons appris, nous devons le transmettre. Ce que nous avons compris, nous devons l'enseigner.

Une femme éveillée ne garde pas son savoir pour elle. Elle partage, elle éclaire, elle tend la main à celles qui doutent encore. Elle n'attend pas d'être parfaite pour aider les autres, car elle sait que la perfection n'existe pas.

Nous sommes toutes à différentes étapes de notre éveil. Certaines commencent à peine à ouvrir les yeux. D'autres sont déjà debout, prêtes à marcher. D'autres encore courent et bâtissent des mondes nouveaux.

Mais nous avançons ensemble.

Quel message voudrais-tu laisser aux générations de femmes qui viendront après toi

Écris-le, grave- le dans ta mémoire, transmets-le à une femme plus jeune que toi. Nous ne Sommes pas là pour être sages. Nous Sommes là pour brûler. Brûler les anciennes croyances. Brûler les injonctions à être petites. Brûler les peurs qui nous enchaînent. Nous sommes nées pour briller. Nous sommes nées pour illuminer. Nous sommes nées pour transformer.

Notre succès est collectif

Il n'y a pas de succès individuel dans une révolution. Chaque femme qui s'élève porte avec elle des générations entières. Quand une femme brise une barrière, elle ne l'éclate pas seulement pour elle-même. Quand une femme ose parler, elle donne une voix à celles qui étaient muselées .Quand une femme refuse de s'excuser d'être grande, elle permet à d'autres de se tenir droites à leur tour. Nous avançons ensemble. Il n'y a pas de compétition entre nous, il n'y a que des victoires partagées. Et plus nous serons nombreuses à nous libérer, plus ce monde devra changer.

Notre plus grande peur

Notre plus grande peur n'est pas notre incompétence. Notre plus grande peur est que nous sommes puissants. Au-delà de toutes limites. C'est notre lumière, non notre côté sombre qui nous effraie .Nous nous demandons : qui suis-je pour être brillant, formidable, talentueux et fabuleux? En vérité qui nous sommes-nous pas ? Vous êtes un enfant de Dieu. Jouer au faible ne sert pas le monde. Il n'y a rien d'édifiant à vous diminuer afin que les autres ne se sentent pas insécures autour vous. Nous sommes sur la terre pour témoigner la gloire de Dieu en nous. Pas seulement en quelques-uns d'entres nous, mais en chacun de nous. En laissant éclater notre propre lumière, nous donnons inconsciemment à d'autres la permission de faire de même. Et en libérant de nos propres peurs, notre présence libère automatiquement les autres.

Source   A return to love par Marianne Williamson

Mantra d'Ancrage et de Confiance

Je suis enracinée dans l'amour de mon être. Je mérite tout le bien que la vie m'offre. Je suis forte, belle et puissante. Rien ne peut éteindre ma lumière.

Mantra de Rayonnement Intérieur

Mon cœur est un temple de paix et de beauté. Je me regarde avec les yeux de l'amour pur. Chaque jour, je choisis de m'aimer davantage. Mon amour pour moi-même illumine le monde.

Le bonheur

Si tu ne trouves pas le bonheur, c'est peut-être que tu le cherches ailleurs. Ailleurs que dans tes souliers. Ailleurs que dans ton foyer. Selon toi, les autres sont plus heureux. Mais, toi, tu ne vis pas chez eux. Tu oublies que chacun a ses tracas. Tu n'aimerais sûrement pas mieux leur cas. Comment peux-tu aimer la vie si ton coeur est plein d'envie, si tu ne t'aimes pas, si tu ne t'acceptes pas ? Le plus grand obstacle au bonheur, sans doute, c'est de rêver d'un bonheur trop grand. Sache cueillir le bonheur au compte-gouttes: Ce sont de toutes petites qui font les océans. Ne cherche pas le bonheur dans tes souvenirs. Ne le cherche pas non plus dans l'avenir. Cherche le bonheur dans le présent. C'est là et là seulement qu'il t'attend. Le bonheur, ce n'est pas un objet que tu peux trouver quelque part hors de toi. Le bonheur, ce n'est qu'un projet qui part de toi et se réalise en toi. Il n'existe pas de marchands de bonheur. Il n'existe pas de machines à bonheur. Il existe des gens qui croient au bonheur. Ce sont ces gens qui font eux-mêmes leur bonheur. Si, dans ton miroir, ta figure te déplaît, à quoi te sert de briser ton reflet ? Ce n'est pas ton miroir qu'il faut casser. C'est toi qu'il faut changer ! *Charles-Eugène PLOURDE,*

Le train de ma vie

A la naissance, on monte dans le train et on rencontre nos parents. Et on croit qu'ils voyageront toujours avec nous. Pourtant, à une station, nos parents descendront du train, nous laissant seuls continuer le voyage...

Au fur et à mesure que le temps passe, d'autres personnes montent dans le train. Et ils seront importants : notre fratrie, amis, enfants, même l'amour de notre vie.

Beaucoup démissionneront (même l'amour de notre vie) et laisseront un vide plus ou moins grand. D'autres seront si discrets qu'on ne réalisera pas qu'ils ont quitté leurs sièges.

Ce voyage en train sera plein de joies, de peines, d'attentes, de bonjours, d'au-revoir et d'adieux. Le succès est d'avoir de bonnes relations avec tous les passagers pourvu qu'on donne le meilleur de nous-mêmes.

On ne sait pas à quelle station nous descendrons. Donc vivons heureux, aimons et pardonnons ! Il est important de le faire, car lorsque nous descendrons du train, nous devrions ne laisser que des beaux souvenirs a ceux qui continuent leur voyage...

Soyons heureux avec ce que nous avons et remercions le ciel de ce voyage fantastique. Aussi, merci d'être un des passagers de mon train. Et si je dois descendre à la prochaine station, je suis content d'avoir fait un bout de chemin avec vous ! Je veux dire à chaque personne qui lira ce texte que je vous remercie d'être dans ma vie et de voyager dans mon train.

Jean D'Ormesson

Mantra de Reconnaissance de soi

Je suis unique, et ma singularité est une bénédiction. Je m'honore dans ma vérité, sans peur ni retenue. Je suis digne d'amour, simplement parce que j'existe. Je suis mon premier amour, mon éternelle alliée.

Ne vous laissez pas abuser

Ne vous laissez pas abuser. Souvenez-vous de vous méfier. Et même de l'évidence, elle passe son temps à changer. Ne mettez trop haut ni les gens ni les choses. Ne les mettez pas trop bas. Non, ne les mettez pas trop bas. Montez. Renoncez à la haine: elle fait plus de mal à ceux qui l'éprouvent qu'à ceux qui en sont l'objet. Ne cherchez pas à être sage à tout prix. La folie aussi est une sagesse.
Et la sagesse, une folie. Fuyez les préceptes et les donneurs de leçons. Jetez ce livre. Faites ce que vous voulez. Et ce que vous pouvez. Pleurez quand il le faut. Riez. J'ai beaucoup ri. J'ai ri du monde et des autres et de moi. Rien n'est très important.
Tout est tragique. Tout ce que nous aimons mourra, La vie et je mourrai moi aussi.   La vie est belle!

Jean d'Omersson

Faites-le quand même

Les gens sont souvent déraisonnables, illogiques et centrés sur eux-mêmes, Pardonne les quand même...

Si tu es gentil, les gens peuvent t'accuser d'être égoïste et d'avoir des arrières pensées, Sois gentil quand même...

Si tu réussis, tu trouveras des faux amis et des vrais ennemis, Réussis quand même...

Si tu es honnête et franc, il se peut que les gens abusent de toi, Sois honnête et franc quand même...

Ce que tu as mis des années à construire, quelqu'un pourrait le détruire en une nuit, Construis quand même...

Si tu trouves la sérénité et la joie, ils pourraient être jaloux, Sois heureux quand même...

Le bien que tu fais aujourd'hui, les gens l'auront souvent oublié demain, Fais le bien quand même...

Donne au monde le meilleur que tu as, et il se pourrait que cela ne soit jamais assez,

Donne au monde le meilleur que tu as quand même...

Tu vois, en faisant une analyse finale, c'est une histoire entre toi et Dieu, cela n'a jamais été entre eux et toi.

Mère Teresa

Poème sur le bonheur

Le bonheur, c'est tout petit.
Si petit que, parfois, on ne le voit pas.
Alors on le cherche, on le cherche partout.
Il est là dans l'arbre qui chante dans le vent.
Dans le regard de l'enfant.
Le pain que l'on rompt et que l'on partage.
La main que l'on tend.

Le bonheur, c'est tout petit.
Si petit, parfois, qu'on ne le voit pas.
Il ne se cache pas, c'est là son secret.
Il est là, tout près de nous, et parfois en nous.

Le bonheur, c'est tout petit.
Petit comme nos yeux pleins de lumière.
Et comme nos cœurs pleins d'amour.

-Mère Teresa

" Si la non-violence est la loi de l'humanité, l'avenir appartient aux femmes. Qui peut faire appel au cœur des hommes avec plus d'efficacité que la femme ? "

- Mahatma Ghandi

Exercices pratiques de Programmation Neuro-linguistique

Origine et bienfaits de la Programmation Neuro-Linguistique (PNL)

La PNL a été développée dans les années 1970 par Richard Bandler (mathématicien et psychothérapeute) et John Grinder (linguiste). Ils cherchaient à comprendre pourquoi certaines personnes excellaient dans leur domaine tandis que d'autres rencontraient des blocages. Pour cela, ils ont étudié les schémas de pensée et les comportements des grands thérapeutes de leur époque, notamment Milton Erickson (hypnose), Virginia Satir (thérapie familiale) et Fritz Perls (Gestalt-thérapie).

Ils ont découvert que le langage, les perceptions et les croyances façonnent notre réalité et influencent nos comportements. À partir de cette observation, ils ont mis au point des techniques permettant de reprogrammer le cerveau pour surmonter les blocages, améliorer la communication et développer un état d'esprit de réussite.

Pourquoi "Programmation Neuro-Linguistique" ?

Le terme PNL reflète trois aspects clés de notre expérience humaine :

Programmation : Nos comportements et croyances sont des "programmes" que nous avons acquis au fil du temps. La PNL aide à identifier et modifier ces programmes pour adopter des pensées et des actions plus bénéfiques.

Neuro : Nos expériences sont perçues et interprétées par notre système nerveux (cerveau, émotions, sensations). La PNL explore comment nous codons nos expériences et comment nous pouvons les recoder.

Linguistique : Le langage que nous utilisons façonne notre réalité. Modifier notre manière de parler et de penser peut transformer notre perception du monde et notre comportement.

Les bienfaits de la PNL

La PNL est utilisée dans de nombreux domaines, du développement personnel à la thérapie, en passant par le coaching et le leadership. Voici quelques-uns de ses principaux bienfaits :

1. Changement des croyances limitantes

    La PNL aide à identifier et à modifier les croyances qui nous empêchent d'avancer (exemple : "Je ne suis pas assez bien", "Je n'ai pas de valeur").

    Elle permet de transformer ces croyances en pensées plus positives et motivantes.

    2. Amélioration de la confiance en soi Grâce à des techniques comme la visualisation et l'ancrage, la PNL aide à renforcer la confiance en soi et à réduire l'anxiété face aux défis. Elle permet d'adopter une posture mentale plus sereine et proactive.

    3. Gestion des émotions et du stress

Les outils de la PNL permettent de réguler les émotions négatives comme la peur, la colère ou la tristesse.

Elle favorise la résilience en modifiant la perception des expériences douloureuses.

5. Amélioration de la communication et des relations

   La PNL enseigne comment mieux comprendre les autres, adapter son langage et son attitude pour créer des relations plus harmonieuses. Elle est très utilisée en coaching et en management pour améliorer le leadership et l'écoute active.

6. Développement de la motivation et de la performance

   Les techniques de modélisation permettent d'adopter les stratégies mentales des personnes qui réussissent.

   Elle aide à se fixer des objectifs clairs et à les atteindre en modifiant les schémas de pensée inefficaces.

7. Reprogrammation des schémas inconscients

   La PNL utilise des techniques comme la dissociation, la ligne du temps ou la reformulation pour transformer des souvenirs ou des expériences négatives. Cela permet de libérer des blocages et de créer une nouvelle dynamique positive.

La PNL est un puissant outil de transformation personnelle. Elle permet de mieux comprendre nos schémas de pensée, de modifier nos croyances limitantes et d'améliorer nos comportements pour atteindre nos objectifs. Accessible à tous, elle peut être utilisée pour gagner en confiance, améliorer ses relations et cultiver un état d'esprit de réussite. Que ce soit pour se libérer de la comparaison, développer son potentiel ou dépasser des peurs, la PNL offre des solutions concrètes et efficaces.

Identifier vos blessures

Voici des conseils concrets pour aider les femmes à s'émanciper des blessures émotionnelles causées par le patriarcat. Ces conseils s'appuient sur des pratiques de guérison émotionnelle, de développement personnel et de spiritualité.

1. Identifier et nommer ses blessures

    Prends le temps d'identifier les schémas de pensée et comportements qui viennent de l'oppression patriarcale (peur de prendre la parole, sentiment de culpabilité, peur du regard des autres, etc.). Écris dans un journal ce que tu ressens face aux injustices que tu as subies en tant que femme. Mets des mots sur tes blessures : abandon, trahison, rejet, humiliation, injustice.

2. Se libérer des croyances limitantes. Remplace les croyances patriarcales par des affirmations positives : "Ma voix mérite d'être entendue."

"Je suis digne d'amour et de respect." "Mon intuition et ma sagesse sont précieuses." Remarque les pensées auto-sabotantes et transforme-les en pensées de pouvoir.

3. S'entourer de sororité et de soutien

Rejoins des cercles de femmes, des groupes de parole ou des communautés féministes et spirituelles.

Lis des livres écrits par des femmes inspirantes sur l'émancipation féminine. Exprime-toi dans un espace sûr avec des personnes bienveillantes qui comprennent tes luttes.

4. Pratiquer des rituels de guérison émotionnelle

Le rituel du feu : écris une lettre aux croyances patriarcales qui t'ont blessée, puis brûle-la en répétant une affirmation de libération.

Le bain de purification : prends un bain avec du sel d'Epsom et des huiles essentielles en imaginant que l'eau emporte toutes les blessures émotionnelles.

La méditation de la réconciliation : visualise-toi en train d'embrasser l'enfant en toi, celle qui a souffert, et dis-lui qu'elle est en sécurité maintenant.

6. Se réapproprier son corps et sa sexualité.

Apprends à aimer ton corps en pratiquant la danse libre, le yoga, ou toute activité qui te connecte à ton essence féminine. Écoute et honore tes désirs sans honte ni culpabilité.

Développer son pouvoir personnel.

Fixe des limites claires dans tes relations et apprends à dire non sans culpabiliser. Exprime tes émotions sans peur d'être jugée. Occupe pleinement l'espace, que ce soit physiquement, émotionnellement ou intellectuellement.

7. Utiliser la spiritualité comme outil de libération

   Connecte-toi à des archétypes féminins puissants (Isis, Marie-Madeleine, etc.) pour incarner leur force. Travaille avec la lune et les cycles féminins pour honorer ton énergie. Utilise des oracles ou des rituels pour renforcer ton intuition et ta guidance intérieure.

8. Transformer la douleur en puissance

   Fais de ton vécu une force : écris, crée, partage ton histoire pour inspirer d'autres femmes. Engage-toi dans des actions qui font avancer la cause des femmes. Transforme chaque blessure en une leçon de sagesse et de résilience.

9. Se rappeler que la libération est un chemin

   Sois patiente avec toi-même, chaque pas compte. Accepte que certaines blessures prennent du temps à guérir. Célèbre chaque victoire, même la plus petite. Tu es puissante, libre et souveraine. Ton émancipation est un acte révolutionnaire.

Exercice de PNL : La réécriture de l'histoire intérieure

Objectif : Transformer une croyance limitante héritée du patriarcat en une croyance de puissance et de liberté.

Étape 1 : Identifier la croyance limitante Trouve une croyance patriarcale qui t'a blessée. Exemples :

"Je dois être discrète et ne pas faire trop de vagues."

"Je ne mérite pas d'être écoutée."

"Les femmes doivent se sacrifier pour les autres."

Note-la sur une feuille et ressens comment cette croyance affecte ton corps et tes émotions.

Étape 2 : Visualiser son origine Ferme les yeux et souviens-toi d'un moment où tu as ressenti cette croyance en action. Observe la scène comme si tu étais une spectatrice : où es-tu ? Qui est avec toi ? Quelle est l'émotion dominante ? Remarque si cette croyance a été transmise par une figure d'autorité (famille, société, école, religion, etc.).

Étape 3 : Changer la perception Imagine maintenant une version puissante de toi-même entrant dans cette scène.

Elle représente la femme libre et souveraine que tu es en train de devenir. Elle regarde la situation avec un regard bienveillant et plein de sagesse. Que dirait-elle à ton ancien "moi" ?

Exemples :

"Ta voix est précieuse et mérite d'être entendue." "Tu es née pour briller et occuper l'espace."

"Ton bonheur et ta liberté passent avant tout."

Étape 4 : Réécrire la mémoire Imagine cette version puissante de toi

modifier la scène : Change les couleurs, rends-la plus lumineuse. Modifie les personnages : rends-les plus bienveillants ou réduis leur importance. Fais parler ton "moi du futur" à ton "moi du passé" pour l'apaiser et lui transmettre une nouvelle vérité. Visualise maintenant une fin différente et positive : Peut-être que tu t'affirmes face aux autres. Peut-être que tu prends ta place sans peur ni honte. Ressens la fierté et la puissance monter en toi.

Étape 5 : Ancrer la nouvelle croyance

Écris ta nouvelle croyance en grand sur une feuille : Exemples : "Ma voix est puissante et je l'utilise librement."

"Je suis digne de respect et d'amour."

"Je crée ma propre réalité, libre de toute oppression."

Dis cette phrase à voix haute en posant la main sur ton cœur. Associe cette affirmation à un geste d'ancrage (poing serré, main sur le cœur, toucher un bijou symbolique, etc.). À chaque fois que tu doutes, répète cette affirmation avec ton geste d'ancrage pour reprogrammer ton subconscient.

Cet exercice de Programmation Neuro-Linguistique (PNL) vise à déconstruire la comparaison toxique en renforçant la perception positive de soi et des autres femmes. Il permet de reprogrammer le cerveau pour passer d'un mode compétitif à un mode d'inspiration et de sororité.

Objectif Transformer le regard que l'on porte sur les autres femmes en une source d'apprentissage et d'inspiration, plutôt qu'en un facteur de rivalité ou de dévalorisation.

Étape 1 : Identifier une situation de comparaison

Prenez un moment pour réfléchir à une situation récente où vous vous êtes comparée à une autre femme (par exemple, sur son apparence, sa réussite professionnelle, sa vie amoureuse, son charisme, etc.).

Question à se poser : Qu'est-ce qui m'a déclenché ce sentiment ? En quoi me suis-je sentie « inférieure » ou « en rivalité » ?

Notez cette situation dans un carnet. Étape 2 : Prendre du recul et observer avec neutralité

Fermez les yeux et imaginez que vous regardez cette situation comme si vous étiez une observatrice extérieure, détachée émotionnellement.

Posez-vous ces questions : Cette femme est-elle réellement en train de me menacer ou est-ce une perception que j'ai créée dans mon esprit ?

Si j'enlève mon prisme émotionnel, qu'est-ce que je peux voir d'inspirant chez elle ?

L'objectif ici est de détacher l'émotion négative et d'adopter une perspective plus neutre et objective.

Étape 3 : Changer la perception grâce à la dissociation

En PNL, la dissociation est une technique qui permet de changer la charge émotionnelle d'une expérience.

Visualisez la femme avec laquelle vous vous comparez. Imaginez-la dans une bulle transparente devant vous. Diminuez son impact émotionnel. Jouez avec les paramètres de votre vision :

Diminuez la taille de l'image mentale.

Rendez-la floue.

Changez les couleurs en noir et blanc. Cela permet d'atténuer l'effet envahissant de la comparaison.

Reprenez votre pouvoir.

Maintenant, visualisez-vous vous-même, debout avec assurance, dans une bulle dorée. Agrandissez votre image, rendez-la lumineuse et remplie de bienveillance envers vous-même.

Ressentez à quel point votre valeur ne dépend pas de la comparaison, mais de votre propre rayonnement intérieur.

Étape 4 : Transformer la comparaison en inspiration

Revenez à la femme qui vous a déclenché ce sentiment de comparaison. Cette fois, posez-vous une nouvelle question :

Si je la voyais non comme une rivale, mais comme une mentor ou une source d'inspiration, que pourrais-je apprendre d'elle ?

Exemples :

Elle a du succès dans sa carrière ? → Comment puis-je apprendre de sa détermination ?

Elle a confiance en elle ? → Comment puis-je nourrir ma propre confiance en moi au lieu de me sentir en manque ?

Écrivez une qualité que vous admirez chez elle et trouvez une manière de l'intégrer dans votre propre vie.

Étape 5 : Ancrer un état de sororité et d'abondance Fermez les yeux et prenez quelques respirations profondes. Visualisez une scène où vous êtes entourée de femmes bienveillantes, qui vous soutiennent et vous encouragent.

Répétez ces affirmations à voix haute ou dans votre tête : Je choisis de voir les autres femmes comme des sœurs, pas comme des rivales. Il y a assez de succès, d'amour et d'opportunités pour nous toutes. Je transforme la comparaison en inspiration. Sentez cette énergie de sororité s'ancrer en vous.

Histoire de Marilyn Monroe

Marilyn Monroe n'était pas seulement une icône glamour, une actrice aux courbes parfaites et au sourire éclatant. Derrière son image de femme fatale se cachait une femme intelligente, ambitieuse et dangereusement libre dans une société qui ne tolérait pas l'émancipation des femmes.

Son destin tragique n'était pas uniquement dû à sa fragilité ou à ses excès, comme Hollywood aime le raconter. Elle dérangeait des hommes puissants. Elle en savait trop. Et elle devait être réduite au silence.

Marilyn Monroe : Une femme trop libre pour son époque

Hollywood l'a façonnée pour être un fantasme masculin, mais elle a voulu reprendre le contrôle de son image et de son destin.

Marilyn Monroe n'était pas une blonde naïve.
Bien au contraire.

Elle lisait Nietzsche, Freud et Rilke.
Elle écrivait de la poésie et tenait un journal intime où elle exprimait ses pensées profondes et ses souffrances.
Elle se battait contre le système des studios hollywoodiens, qui exploitaient les actrices comme des objets jetables.

Pourquoi elle dérangeait ?

Elle refusait d'être un simple jouet d'Hollywood.

→ Elle a défié les grands studios en exigeant des rôles plus sérieux et un meilleur salaire.
→ Elle a créé sa propre société de production en 1954, une initiative impensable pour une femme à l'époque.

Elle était une femme libre sexuellement.
→ Elle assumait son pouvoir de séduction sans se soumettre aux normes patriarcales.

→ Elle fréquentait des hommes influents (JFK, Robert Kennedy, Sinatra, mafieux, intellectuels) sans vouloir être possédée.
Elle s'intéressait à la politique et aux secrets d'État.
→ Elle fréquentait John F. Kennedy et son frère Robert Kennedy, qui lui auraient confié des informations sensibles.
→ Elle connaissait les liens entre la mafia, la CIA et le gouvernement.
→ Elle aurait eu accès à des dossiers confidentiels.

Marilyn Monroe n'était pas seulement une actrice. Elle devenait une femme dangereuse dans un monde contrôlé par des hommes de pouvoir.

1. Marilyn Monroe et les Kennedy : Une liaison explosive

Marilyn a été utilisée comme un pion dans des jeux de pouvoir bien plus grands qu'elle.

Sa liaison avec JFK n'était pas seulement une histoire d'amour ou de passion. Elle savait des choses. Trop de choses.

Que savait-elle ? Les secrets d'État américains

→ Grâce à JFK, elle aurait appris des informations ultra-secrètes
→ JFK et son frère Robert Kennedy avaient des relations dangereuses avec la mafia.
→ Marilyn Monroe, proche de Frank Sinatra et d'autres hommes influents du crime organisé, en savait plus qu'elle ne le devait. L'existence d'un réseau de manipulation et de corruption
→ Elle a vu comment les élites politiques, Hollywood, la CIA et la mafia étaient interconnectés.

→ Elle était témoin de l'exploitation des femmes à Hollywood et des abus de pouvoir.

Pourquoi cela posait problème ?

Marilyn Monroe n'était plus une actrice docile. Elle devenait une femme qui parlait trop et qui voulait dénoncer l'hypocrisie des élites.

Elle menaçait l'image publique des Kennedy.

Elle voulait exposer la vérité sur ses relations et les mensonges du pouvoir.

2. La nuit de sa mort : Un assassinat déguisé en suicide ?
3.

Version officielle : Overdose accidentelle de barbituriques.
Version officieuse : Un meurtre orchestré par les services secrets.

Ce qui ne colle pas avec la version officielle : Des incohérences médicales et policières

→ Aucune eau ni verre près du lit, alors qu'elle aurait pris des cachets.
→ Son corps a été retrouvé dans une position anormale pour une overdose.
→ Des témoins affirment que la scène du crime a été nettoyée avant l'arrivée de la police. Des témoins réduits au silence

→ Son aide-soignante a changé plusieurs fois de version et est morte mystérieusement quelques années plus tard.

→ Certains témoins affirment avoir vu Robert Kennedy près de chez elle le soir de sa mort.

→ D'autres parlent d'un médecin complice chargé de l'injection létale. Un agenda disparu et des écoutes téléphoniques
→ Marilyn tenait un journal où elle notait tout ce qu'elle savait. Il a disparu après sa mort.
→ Elle était sur écoute par le FBI et la CIA.

→ La nuit de sa mort, plusieurs appels suspects ont été passés, mais aucun relevé officiel n'a été conservé.

Théories sur son assassinat :

Elle voulait révéler ses secrets sur JFK et l'élite politique
→ Elle devait être réduite au silence.
Elle était un dommage collatéral dans une guerre de pouvoir entre la mafia, la CIA et les Kennedy
→ Elle en savait trop sur les relations dangereuses entre ces sphères.

Elle était devenue incontrôlable

→ Une femme libre, qui refuse d'être manipulée, est une menace dans un monde dominé par les hommes.

4.
Marilyn Monroe, une femme sacrifiée par le patriarcat et les élites Marilyn Monroe n'était pas une victime passive.
Elle était une femme forte, une révoltée, une femme qui voulait reprendre le contrôle de sa vie et de son destin.

L'ère des femmes libres l'héritage de Marilyn et l'éveil de la Conscience Féminine

Ils nous ont fait croire que nous étions faibles, fragiles, vulnérables. Que notre destinée était d'être admirées, désirées, mais jamais craintes.

Ils nous ont enfermées dans des rôles imposés, dans des cages dorées, dans des silences forcés. Mais aujourd'hui, nous nous réveillons. Et lorsque les femmes s'éveillent, c'est le monde entier qui tremble.

Marilyn Monroe n'était pas une simple actrice. Britney Spears n'était pas juste une pop star. Elles étaient des femmes qui voulaient être libres dans un monde qui ne tolère pas les femmes libres.

Elles ont été sacrifiées pour avoir osé briser les codes.

Elles ont été brisées parce qu'elles refusaient d'être dociles.

Elles sont devenues des icônes non pas parce qu'elles étaient belles, mais parce qu'elles ont incarné une révolte silencieuse.

Et nous, que faisons-nous de cet héritage ?

Le pouvoir des femmes effraie ceux qui veulent les dominer

L'histoire est une succession de tentatives pour contrôler, réduire et étouffer la puissance féminine.

Les déesses-mères ont été remplacées par des dieux masculins.

Les prêtresses et guérisseuses ont été traquées comme des sorcières.

Les femmes influentes ont été tournées en dérision, médicalisées ou réduites au silence. Ce schéma n'est pas une coïncidence.

Une femme qui sait qu'elle est puissante est ingouvernable.
Une femme qui n'a plus peur est incontrôlable.

Une femme qui s'écoute ne peut plus être manipulée.

Alors ils ont créé un monde où nous doutons de nous-mêmes. Où nous pensons que nous avons besoin d'un guide, d'une approbation, d'une permission pour exister pleinement. Mais cette ère touche à sa fin.

Aujourd'hui, les masques tombent. Le patriarcat n'a jamais été un ordre naturel, mais une construction de domination. Et il est en train de s'effondrer sous son propre poids.

Marilyn, Britney et nous c'est le même combat, la même révolution.

Marilyn Monroe savait trop de choses. Elle dérangeait trop de monde.

On lui a volé son histoire pour en faire une tragédie.

Britney Spears voulait récupérer sa liberté. On l'a traitée de folle. On lui a pris son argent, son corps, ses choix.

Et nous ? Chaque jour, nous vivons des versions plus subtiles de ces mêmes schémas.

Chaque fois qu'une femme ose dire "non" et qu'on la traite d'hystérique.

Chaque fois qu'une femme revendique son indépendance et qu'on tente de l'isoler.

Chaque fois qu'une femme s'élève et qu'on cherche à la discréditer.

C'est une guerre invisible, mais elle est bien réelle.

Ce que Marilyn Monroe et Britney Spears nous enseignent, c'est que la plus grande rébellion d'une femme, c'est de refuser d'être domptée.

C'est d'oser exister pour elle-même et non pour les attentes des autres.

C'est de comprendre que sa valeur ne dépend pas de son obéissance, mais de sa force intérieure.

L'éveil des femmes : L'onde de choc que rien ne pourra arrêter

Nous entrons dans une nouvelle ère, celle des femmes qui se réveillent.

Des femmes qui comprennent que leur puissance n'a jamais disparu, elle a juste été endormie.

Des femmes qui reprennent leurs paroles, leur corps, leur destinée.

Des femmes qui ne demandent plus l'autorisation d'exister pleinement.

Elles peuvent essayer de nous faire taire. Elles peuvent essayer de nous enfermer dans des images superficielles, dans des distractions vides, dans des illusions de liberté. Mais elles ne pourront plus jamais nous endormir.

Nous sommes les descendantes des femmes qu'ils ont voulu briser.

Nous sommes les flammes qu'ils ont voulu éteindre.

Nous sommes la génération qui fera tomber les murs. Et si tu lis ces lignes, c'est que toi aussi, tu sens cet appel.

Le monde ne changera pas par des réformes. Il changera lorsque chaque femme reprendra son propre pouvoir.

L'avenir appartient aux femmes éveillées.

Et toi, es-tu prête à briser le dernier verrou qui t'empêche d'être pleinement toi-même ?

Voici une liste de femmes qui, comme Marilyn Monroe, ont incarné la liberté, la rébellion et la puissance féminine, mais qui ont aussi été réduites au silence, manipulées ou détruites par le système. Elles ont toutes, d'une manière ou d'une autre, dérangé l'ordre établi et payé le prix de leur indépendance.

Femmes Icônes Brisées par le Système

Marilyn Monroe (1926-1962)
Pourquoi elle dérangeait ? Elle savait trop de choses sur les élites et voulait s'émanciper du contrôle d'Hollywood. Comment elle a été brisée ? Surveillée, droguée, manipulée, et possiblement assassinée pour ses relations avec les Kennedy et la mafia.

Britney Spears (1981 -2007)
Pourquoi elle dérangeait ? Elle voulait reprendre le contrôle de sa carrière et exposer la vérité sur l'industrie musicale. Comment elle a été brisée ? Mise sous tutelle pendant 13 ans, forcée à prendre des médicaments, privée de sa liberté.

Amy Winehouse (1983-2011)

Pourquoi elle dérangeait ? Elle refusait d'être une marionnette de l'industrie et chantait des vérités trop crues. Comment elle a été brisée ? Exploitée par son entourage, poussée à l'autodestruction, abandonnée dans sa détresse.

Whitney Houston (1963-2012)

Pourquoi elle dérangeait ? Elle voulait s'éloigner du système et révéler la toxicité de l'industrie musicale. Comment elle a été brisée ? Dépendances encouragées, surveillance, mort mystérieuse dans des circonstances étranges.

Diana, Princesse de Galles (1961-1997)

Pourquoi elle dérangeait ? Elle exposait les secrets de la famille royale et voulait vivre librement.
Comment elle a été brisée ? Surveillance, harcèlement médiatique, mort suspecte dans un accident de voiture.

Anna Nicole Smith (1967-2007)

Pourquoi elle dérangeait ? Elle dénonçait les abus d'Hollywood et son hypersexualisation forcée. Comment elle a été brisée ? Drogues, manipulation, décès brutal après des années de contrôle.

Jean Seberg (1938-1979)

Pourquoi elle dérangeait ? Militante engagée pour les droits civiques, elle était surveillée par le FBI.Comment elle a été brisée ? Harcelée psychologiquement, fausses accusations, suicide suspect.

Judy Garland (1922-1969)

Pourquoi elle dérangeait ? Hollywood l'a exploitée dès l'enfance, elle voulait s'émanciper de leur contrôle.Comment elle a été brisée ? Drogues imposées par les studios, manipulation, mort prématurée.

Femmes Visionnaires et Rebelles

Frida Kahlo (1907-1954)

Pourquoi elle dérangeait ? Elle refusait les normes de la féminité et défendait des idées révolutionnaires.Comment elle a été brisée ? Souffrances physiques, marginalisation, combats constants contre un monde dominé par les hommes.

Simone de Beauvoir (1908-1986)

Pourquoi elle dérangeait ? Elle a déconstruit le rôle des femmes dans la société et écrit Le Deuxième Sexe. Comment elle a été attaquée ? Critiquée, censurée, son livre a été interdit dans plusieurs pays.

Josephine Baker (1906-1975)

Pourquoi elle dérangeait ? Noire, libre, artiste et espionne pour la Résistance, elle était ingouvernable.Comment elle a été combattue ? Racisme, exil, tentatives de la réduire au silence par le pouvoir blanc.

Nina Simone (1933-2003)

Pourquoi elle dérangeait ? Elle militait pour les droits civiques et utilisait sa musique comme une arme politique. Comment elle a été brisée ? Mise sur liste noire par l'industrie musicale, exil forcé, dépression.

Zelda Fitzgerald (1900-1948)

Pourquoi elle dérangeait ? Femme brillante, écrivaine et artiste, elle était plus talentueuse que son mari, F. Scott Fitzgerald. Comment elle a été brisée ? Son mari a volé son travail, elle a été internée pour "folie" et réduite au silence.

Harriet Tubman (1822-1913)

Pourquoi elle dérangeait ? Esclave devenue activiste et libératrice, elle a défié un système entier. Comment elle a été combattue ? Chassée, persécutée, menacée de mort par le gouvernement et les esclavagistes.

Ce que ces femmes ont en commun :

Elles ont toutes refusé de se soumettre. Elles ont toutes été punies pour leur force, leur intelligence ou leur indépendance. Leur héritage a souvent été réécrit pour minimiser leur combat.

Les femmes d'aujourd'hui doivent comprendre qu'elles portent l'héritage de celles qui ont été réduites au silence. Le combat n'est pas terminé. Mais cette fois, nous ne nous tairons pas.

« La plus grande force d'une femme est son intuition. » Oprah Winfrey

« Je ne sais pas ce que l'avenir réserve, mais je sais que je suis une femme forte et une femme de foi. » Demi Lovato

« La première étape pour être respectée est de se respecter soi-même. » Eleanor Roosevelt

« Le respect est un de ces cadeaux de la vie qu'une femme doit se donner. » Maya Angelou

"Trop souvent, c'est l'audace et non le talent qui conduit l'artiste sur la scène. Donnez-vous la permission d'être débutante" Julia Cameron

«Confiance d'une femme n'est pas dans son apparence physique, c'est dans son âme. » Maxime populaire

« Être une femme, c'est si fascinant ». « C'est une aventure qui nécessite un tel courage, une tâche qui n'a jamais de fin. » Nancy Reagan

« Les femmes qui osent être puissantes sont une menace pour le patriarcat. » Audre Lorde

« Une femme avec une vision est inarrêtable. » Maxime populaire

« Le succès est le fruit de deux choses : la confiance en soi et l'ignorance ». Les femmes ont besoin des deux pour réussir. » Sophia Amoruso

« Je suis reconnaissante pour toutes les femmes qui m'ont montré comment être courageuse et ambitieuse. » Michelle Obama

« Toutes les femmes devraient être féministes, si c'est donner du pouvoir aux femmes pour être fortes. » Hilary Clinton

« L'ambition est féminine. » « La confiance aussi. » Reese Witherspoon

« Je ne suis pas une femme difficile, je suis une femme forte qui sait ce qu'elle veut. » Dolly Parton

« Les femmes qui cherchent à être égales aux hommes manquent d'ambition. » Marilyn Monroe

« Pour moi, la femme idéale est celle qui est plus que belle : elle doit avoir du caractère. » Coco Chanel

« Une femme doit toujours savoir comment dire Non sans explication. » Amy Poehler

« La liberté d'une femme se mesure par l'étendue de ses rêves. » Maxime populaire

« Femmes, ne suivez pas la mode . Soyez vous-même ! » Anna Wintour

« La plus grande gloire d'une femme est de ne jamais tomber, mais chaque fois qu'elle le fait, de se relever. » Nelson Mandela

« La vraie beauté d'une femme est dans sa force et son caractère. » Audrey Hepburn

« La confiance d'une femme ne peut être ébranlée. » Angelina Jolie

« Les femmes ne sont pas obligées de suivre les règles ». Elles peuvent diriger. » Ivanka Trump

« Si vous voulez quelque chose, dites-le à un homme. » Si vous voulez que quelque chose soit fait, demandez à une femme. » Margaret Thatcher

«En laissant briller notre propre lumière nous donnons inconsciemment aux autres le pouvoir d'en faire autant » Marianne Willamson

Made in the USA
Middletown, DE
07 February 2025